Billy cherche un trésor

ISBN 978-2-211-31077-2
Première édition dans la collection *les lutins* : septembre 2020

Loi numéro 49 956 du 16 juillet 1949 sur les publications
destinées à la jeunesse : septembre 2018
Dépôt légal : octobre 2021
Imprimé en France par Clerc SAS à Saint-Amand-Montrond

Catharina Valckx

Billy cherche un trésor

les lutins de l'école des loisirs
11, rue de Sèvres, Paris 6e

«Papa», dit Billy un matin, «regarde, j'ai trouvé un vieux dessin bizarre.»
«Montre», dit son père. «Ah! Mais c'est la carte au trésor de ton grand-père. Je l'avais complètement oubliée, celle-là.»
«Parce qu'il avait un trésor, grand-père?»
«Oui, enfin... c'est ce qu'il disait. Tu sais, il aimait bien raconter des blagues, le vieux hamster.»
Billy se penche pour mieux voir.
«Et le dessin montre où il l'a caché, c'est ça?»
«Oui. C'est ça. C'est une carte. Mais personne n'y comprend rien.»

Sans attendre, Billy va trouver son ami Jean-Claude,
le ver de terre.
« Regarde, Jean-Claude, ce dessin explique où est caché
le trésor de mon grand-père. »
« Oh ! » s'exclame Jean-Claude. « C'est une vraie carte au trésor ? »
« Oui. Le problème, c'est que personne n'y comprend rien. »

«Moi non plus», dit Jean-Claude. «Tous ces traits… ce sont des routes ?»
«Je ne sais pas. Oui, des routes, ou des chemins.»
«Mais attends…» Jean-Claude réfléchit.
«Et si c'était sous la terre ? Si ces lignes étaient des passages souterrains ?»

« C'est bien une idée de ver de terre, ça ! » s'exclame Billy.
« Je connais un endroit où il y a tout un fouillis de galeries souterraines », dit Jean-Claude. « Comme sur ta carte. »
« Ah oui ? » Billy se lève. « C'est où ? Allons-y tout de suite. »

« C'est là », montre Jean-Claude.
« L'entrée est cachée par les feuilles.
Personne ne vient plus jamais ici. »

Les amis se faufilent dans la galerie.
« Ouille, il fait noir ici », chuchote Billy.
« C'est quoi, là, accroché au clou ? »
demande Jean-Claude. « C'est un chapeau ? »

« Ah non, tiens, c'est un casque », dit Billy.
« Un tout petit casque. C'est ta taille. »
« Donne. Oh, regarde, il y a une lampe dessus ! »

Grâce à la lampe, les amis avancent facilement dans le passage.
«Il ne faut surtout pas qu'on se perde», dit Jean-Claude, inquiet.
«Regarde le plan, Billy. On prend à droite ou à gauche ?»

Billy hésite.
« Euh… je dirais… à gauche. »

Mais, dans le couloir de gauche,
une mauvaise surprise les attend.
«Ahhhh!!!! Un monstre!!!!»

Les amis déguerpissent à toute vitesse.
« T'as vu ça ? » gémit Jean-Claude,
mort de peur. « C'était quoi ? »

«Une araignée géante», répond Billy
d’une voix tremblante.
«Mince, où est la sortie ?!!»

Billy et Jean-Claude filent comme des fous à travers les galeries.
Essoufflés, ils finissent par buter contre une porte
qui leur ferme le passage.
« Qu'est-ce qu'on fait ? » demande Billy. « On entre ? »
« Bien obligés », dit Jean-Claude. « On ne va pas retourner
chez le monstre ! En plus, ma lampe s'éteint. »

« Bon, attends-moi ici », dit Billy.
« Ah non ! » proteste Jean-Claude.
« Pas question que je reste ici tout seul.
Je viens avec toi. »

Dans une pièce qui sent la bougie,
une vieille taupe les accueille avec surprise.
« Tiens donc, de la visite ! Vous êtes perdus peut-être ? »
Billy explique qu'ils cherchent le trésor de son grand-père.
« Ton grand-père… » La taupe sourit. « Tu lui ressembles.
Il venait souvent ici, il y a très longtemps, quand j'étais encore
une jeune taupinette. Mais un trésor… non, je ne vois pas. »
« Ah », dit Billy, déçu. « Sur la carte, on dirait pourtant
que c'est par ici qu'il a caché son coffre. »

Soudain la taupe se lève d'un bond.
« Ah, mais oui ! Suis-je bête ! Ce coffre, qui me sert de fauteuil, c'est ton grand-père qui l'a laissé ici. Alors je suis assise sur un trésor ? Moi qui croyais que ce coffre ne contenait que du vieux bazar. Je ne l'ai jamais ouvert, je n'ai pas la clef. »
Billy n'ose pas y croire. Le trésor !! Il est là !

« Ton père saura l'ouvrir », dit la taupe. « Mais il est lourd. Pour le rapporter chez toi, il te faut un wagonnet. Il y en a un dans le couloir, à droite en sortant. Tu peux le prendre. »
« Dans le couloir ? » Billy se renfrogne. « Mais… et l'araignée !? Elle va m'attraper ! »
« Tu as peur des araignées ? Oh là là, un peu de courage, mon garçon. Tiens, prends cette lanterne. Ton grand-père, lui, n'était pas aussi peureux ! »

Bon, se dit Billy. Je n'ai pas vraiment le choix.
« Tu viens avec moi, Jean-Claude ? »
« Euh… je préfère rester avec madame »,
marmonne Jean-Claude.
« D'accord. Mais si je crie, tu viens tout de suite. »
Le cœur battant, Billy avance dans le couloir.

Mais soudain, le voilà pris dans une toile !
Il a des fils jusque dans la bouche.
Et c'est alors qu'un rire résonne dans la galerie.
« Hi hi hi ! »
Oh non, le monstre !!!

Billy est sur le point de crier quand il voit une petite araignée s'approcher en sautillant.
« Ouf! Tu n'es pas la géante, heureusement ! »
« Mais il n'y a que moi, ici », rigole l'araignée,
« c'est mon ombre qui vous a fait peur,
tout à l'heure, hi ! hi ! »
« Ton ombre ? Ah, c'était ça ! » Billy respire mieux.

« Excuse-moi », dit l'araignée,
« personne ne vient jamais ici,
alors je tisse des toiles un peu partout. »
« Je viens chercher le wagonnet », dit Billy.
« Ah oui, il est là. J'y ai mis une petite
toile aussi, hi ! hi ! »

Acclamé par Jean-Claude, Billy revient avec le wagonnet. Il y charge le coffre. « Je serais bien curieuse de le voir, ce trésor », dit la taupe. « Depuis le temps que j'étais assise dessus ! Dommage que je ne puisse pas vous accompagner. Mes vieilles pattes ne me portent plus très bien. » « Eh bien, faites comme chez vous, madame », propose Billy. « Asseyez-vous ! »

La petite troupe se met en route.
« Papa ! » annonce Billy en arrivant à la maison, « j'ai invité une amie de grand-père. »
« Madame Utopia », se présente la taupe.
« Enchanté, madame Utopia », dit le père de Billy, un peu intimidé.
« Et devine sur quoi elle est assise ?
Sur le trésor de grand-père ! »

« Non !? »
Le papa de Billy en tombe presque à la renverse.
« Il avait donc vraiment un trésor ? Mais Billy, comment as-tu fait pour le trouver ?! »

Billy explique que Jean-Claude a eu la brillante idée de chercher sous la terre.
«Jean-Claude est un génie», le félicite son père.
«Je vais faire sauter ce cadenas tout de suite. Nom d'une pipe! Qu'est-ce qu'il peut bien y avoir dans ce coffre?»
«Des oisettes!» crie Didier, le petit frère de Jean-Claude.

« Oh ! La belle guitare ! » s'exclame Billy.
« C'est son ukulélé ! » applaudit madame Utopia.
« Ton grand-père était un formidable musicien. »
Le père de Billy admire l'instrument :
« Il est magnifique, cet ukulélé. Regardez, il y a des pierres précieuses incrustées dans le bois. Quelle merveille ! »

Pour fêter la découverte du trésor, le père de Billy fait griller des noisettes. Miam, tout le monde se régale. « Billy, écoute, je vais te jouer un petit air que ton grand-père m'a appris », annonce madame Utopia.

Le son de l'ukulélé est si joyeux que tout le monde se met à danser. Et c'est alors que Billy prend une décision.
« Tu sais quoi, Jean-Claude ? Moi aussi, je vais apprendre à jouer de l'ukulélé. Comme mon grand-père. »
« Fufer ! » approuve Jean-Claude, la bouche pleine de noisettes. « Comme fa, on danfera fous les fours !! »